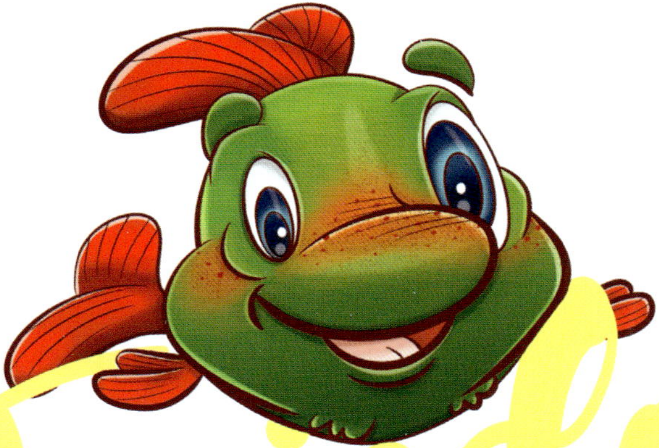

Friedolin

WEISST DU, WIE WERTVOLL DU BIST?

Ein Kinderbuch von Kerstin Werner
mit Illustrationen von Kattia Salas

Eifelbildverlag

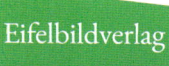

Frieden ist möglich

Wir sind nicht immer nett zueinander. Manchmal machen sich andere über uns lustig oder sind neidisch auf das, was wir haben. Sie verletzen uns mit dem, was sie sagen.

Dann fühlen wir uns gekränkt und streiten. Dabei würden wir viel lieber friedlich miteinander leben.

Doch wie soll das gehen?

Friedolin zeigt es uns. Er sieht anders aus als andere Fische, - wird gehänselt und ausgelacht. Aber die Gespräche mit seinen wunderbaren Eltern stärken ihn. Er erkennt dadurch, wie wertvoll er ist.

Mit diesem Buch lade ich auch dich ein, deine Einzigartigkeit zu entdecken.

Herzensgrüße von der Autorin

Kerstin

In einem Tümpel auf einem Bauernhof in der Eifel lebt ein kleiner Fisch namens Friedolin. Er hat glubschige Augen, die unterschiedlich groß sind. Am ganzen Körper ist er grün, außer an den Flossen. Die sehen aus wie rote Herzen. Sein grünes dickes Knubbelnäschen mit den roten Sommersprossen fällt am meisten auf. Wirklich lustig sieht er aus. Und obwohl er anders ist, sind seine Eltern sehr stolz auf ihr Fischekind.

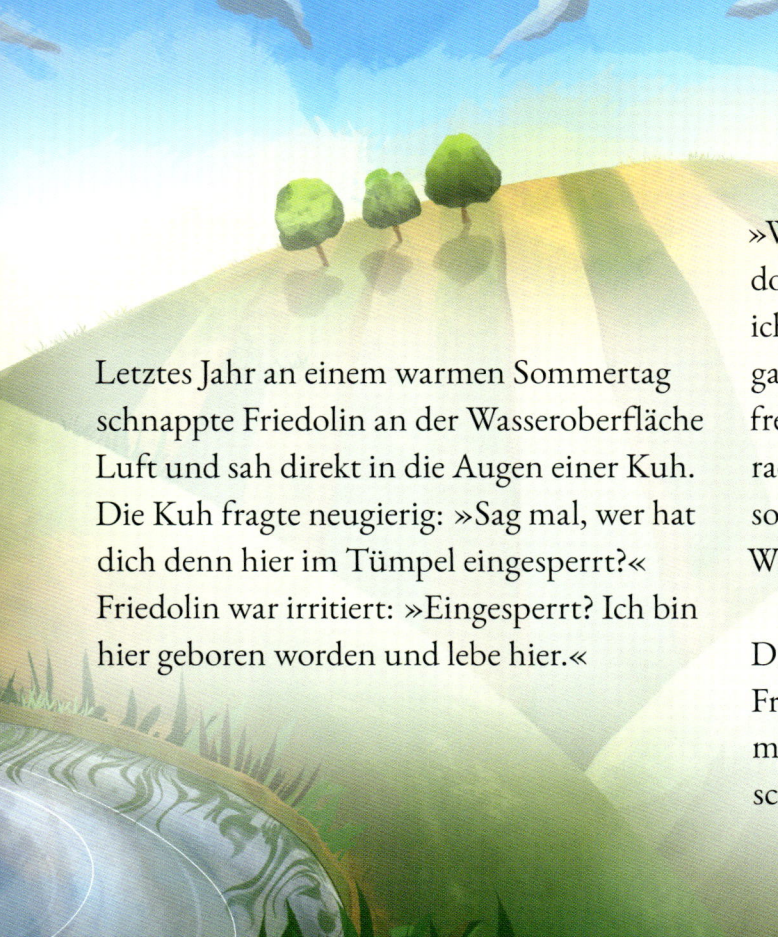

Letztes Jahr an einem warmen Sommertag schnappte Friedolin an der Wasseroberfläche Luft und sah direkt in die Augen einer Kuh. Die Kuh fragte neugierig: »Sag mal, wer hat dich denn hier im Tümpel eingesperrt?« Friedolin war irritiert: »Eingesperrt? Ich bin hier geboren worden und lebe hier.«

»Was? In so einem kleinen Tümpel? Da ist doch gar kein Platz. Guck mal, kleiner Fisch, ich kann mich hier überall austoben. Auf der ganzen Weide kann ich liegen, gehen und fressen. Ich kann das machen, wonach mir gerade ist. Es wohnt doch niemand freiwillig in so einem kleinen Tümpel, wo man nur unter Wasser leben kann!«

Die Kuh ging kopfschüttelnd davon und Friedolin blieb nachdenklich zurück. Sollte man ihn wirklich dort eingesperrt haben? Er schwamm zu seinem Vater.

»Papa, ich habe eben mit der Kuh gesprochen. Sie sagt, wir seien hier eingesperrt. Stimmt das?«

Der Fischepapa war ganz verwundert.

»Aber nein, Friedolin. Wir sind im Wasser zu Hause. Der Bauer hat uns hier in der schönen grünen Landschaft einen Tümpel gebaut. Eine wunderbare Möglichkeit zum Leben haben wir so bekommen.«

»Und wieso können wir nicht auch an Land, wie die Kuh?«

»Weißt du, Friedolin, jedes Tier hat andere Stärken. Wir können eben besonders gut schwimmen. Wir brauchen auch nicht so viel Platz wie andere Tiere. Wir können hier auf kleinem Raum glücklich sein. Jedes Tier ist anders, und das ist auch gut so. Schau auf das, was du hast, und nicht auf das, was andere haben.«

Das leuchtete Friedolin ein. Er hatte bislang nie das Bedürfnis gehabt, an Land zu gehen. Er lebte gerne im Wasser. Da fühlte er sich wohl. Als ihm das klar wurde, beruhigte er sich wieder.

Als er ein paar Tage später an der Oberfläche schwamm, stand ein Schaf am Ufer und
kaute Gras. Als es Friedolin entdeckte, fing
es herzhaft an zu lachen.

»Wieso lachst du so?«, wollte Friedolin
wissen.
»Na, weil du so lustig aussiehst. Ich habe
noch nie einen Fisch mit roten Sommersprossen auf solch einer grünen Knubbel-
nase gesehen. Die würd' ich mir an deiner
Stelle übermalen«, mähte es und lachte ihn
weiter aus.

»Ich will mich aber nicht bemalen lassen!«, sagte Friedolin beleidigt.

»Na, dann werde ich eben weiterhin über dich lachen«, blökte das Schaf und ging belustigt zu seiner Herde zurück.

Friedolin war unglücklich. Er konnte doch nichts für seine Punkte auf dem Fische-Schnütchen. Traurig schwamm er davon.

Als seine Mama ihn sah, fragte sie: »Was hast du denn, Friedolin? Wieso schaust du so traurig?«

»Ach, das Schaf hat mich ausgelacht, weil ich anders aussehe.«

»Friedolin, sei nicht traurig. Du bist ein ganz besonderer Fisch. Es gibt niemanden, der so aussieht wie du. Du bist einzigartig und wunderbar, genau so, wie du bist«, beruhigte ihn die Mutter.

»Ich will aber nicht so unnormal sein«, schmollte Friedolin vor sich hin.

Seine Mutter drehte sich zur Seite und sagte: »Schau mal, mein Kind, ich bin auch anders. Ich wurde ohne Flossen rechts und links geboren. Aber das ist kein Grund, traurig zu sein. Ich kann vielleicht nicht alles machen, was andere Fische können, aber ich kann mir jederzeit Hilfe holen. Vergleiche dich nicht mit anderen Tieren. Jedes Tier ist einzigartig.«

»Aber wieso war das Schaf dann so gemein zu mir?«, seufzte er.

»Friedolin, wenn jemand gemein zu dir ist, dann hat das nichts mit dir zu tun. Vielleicht hätte das Schaf selbst gerne mehr Farbe? Es fällt kaum auf in der Herde, und es könnte doch sein, dass es neidisch auf dich ist. Vielleicht will es einfach mehr beachtet werden? Und dann lässt es seine Unzufriedenheit an dir aus, indem es dich auslacht.«

Friedolin stimmte das nachdenklich. Er sagte leise: »Das könnte natürlich sein. Vielleicht sollte ich das nächste Mal dem Schaf sagen, dass es auch wertvoll ist? Meinst du, das Schaf weiß das nicht?«

»Jedes Lebewesen ist einzigartig. Und nicht alle wissen das. Sag es ihm ruhig und schau mal, wie es dann reagiert.«

Nun freute sich Friedolin schon auf die nächste Begegnung mit dem Schaf.

Er war so froh, dass seine Eltern es immer wieder schafften, ihm die Situationen, in denen er sich ärgerte, so zu erklären, dass es ihm anschließend besser ging.

Als Friedolin am nächsten Tag durch den Tümpel schwamm, hörte er ein Geräusch im Gebüsch. Er guckte über den Rand des Wassers und sah ein ängstliches Mäuslein. »Hallo Maus, wovor fürchtest du dich?«, wollte Friedolin wissen.

Zitternd schaute die Maus an einem Grashalm vorbei. »Ich habe Angst, dass ich gefressen werde. Die Katze war hinter mir her. Ich konnte ihr zwar entkommen, aber ich weiß nicht, wo ich mich jetzt noch verstecken könnte.«
»Hey, ich habe eine Idee, kleine Maus. Wie wäre es, wenn du dir auf diesem Holzstückchen hier ein Bett baust?«
Friedolin zeigte auf ein Stück von einem Baum, das am Ufer des Teiches lag.

Die Maus war skeptisch: »Aber da findet die Katze mich doch auch!«

»Du könntest damit auf dem Wasser schwimmen«, meinte Friedolin begeistert, »und ich könnte dich mit meinen Flossen an Land schieben. Hier auf dem Wasser wärst du auf jeden Fall sicher. Da wird die Katze dich niemals suchen. Außerdem weiß ich, dass sie nicht gerne schwimmt.«

»Würdest du das wirklich tun?«, fragte die kleine Maus hoffnungsvoll.

»Klar, liebe Maus. Ich weiß, wie es ist, Angst zu haben. Ich helfe dir gerne. Wie heißt du denn eigentlich?«

»Ich heiße Mia. Und du?«

»Hallo Mia, ich bin Friedolin.«

»Das ist aber ein schöner Name. Wollen wir dann jetzt Freunde sein?«, fragte Mia mit leuchtenden Augen.

»Ja, sehr gerne, Mia«, sagte Friedolin lächelnd.

Er machte mit der Maus aus, dass sie dreimal mit ihrem Füßchen ins Wasser plantschen soll, wenn sie an Land gebracht werden will.

Friedolin war so glücklich. Jetzt hatte er eine Freundin. Das musste er sofort seinen Eltern erzählen. Freudestrahlend schwamm er zu ihnen.

»Mama, Papa, ich habe eine Freundin! Sie ist eine Maus und heißt Mia. Sie hat solche Angst vor der Katze. Da hab' ich ihr vorgeschlagen, auf einem kleinen Holzstück ein Bett zu bauen, mit dem sie auf dem Wasser schwimmen kann. Ich bringe sie mit meinen Flossen dann an Land, wenn sie das will.«

Der Papa meinte: »Toll, Friedolin, das freut mich für dich. Ich finde es wunderbar, dass du ihr hilfst. Hilfsbereitschaft schweißt zusammen und ermöglicht ein liebevolles Miteinander.«

Am nächsten Tag wurde Friedolin schon von der Maus um Hilfe gebeten.

Sie hatte Hunger und wollte an Land ein paar Haselnüsse suchen. Und so schob Friedolin sie mit seinen Flossen auf ihrem Holzbett ans Ufer. Es machte so viel Freude, füreinander da zu sein.

Als Friedolin am Abend an der Oberfläche herumschwamm, hörte er plötzlich eine grunzende Stimme, die rief: »Es stimmt, es stimmt, das Schaf hatte recht.«

Friedolin tauchte aus dem Wasser und sah ein grinsendes Schwein am Ufer stehen. »Womit hatte das Schaf recht?«, wollte Friedolin wissen. Er ahnte schon, was jetzt kommen würde.
»Na, dass du so lustig aussiehst«, lachte das Schwein.

Der kleine Fisch erinnerte sich in diesem Moment daran, was seine Mutter ihm gesagt hatte. Dass es nichts mit ihm zu tun hat, wenn andere gemein zu ihm sind. Deshalb reagierte Friedolin dieses Mal anders.

Er sagte zu dem Schwein: »Ja, ich weiß, dass ich lustig aussehe. Anders zu sein ist aber völlig normal. Jedes Tier ist wundervoll und einzigartig. Auch du, liebes Schwein!«

Das Schwein war irritiert. Eigentlich hatte es damit gerechnet, dass der Fisch sich aufregen und mit ihm streiten würde. Und jetzt sagte er so etwas Nettes.

Verwundert fragte das Schwein: »Meinst du wirklich? Wir Schweine sind doch hässlich und sehen alle gleich aus. Ich finde das oft langweilig.«

»Ja, als Schwein bist du auch besonders. Wusstest du, dass das Schwein eines der intelligentesten Säugetiere ist?«

Das Schwein wurde verlegen, freute sich aber gleichzeitig über die Worte von Friedolin.

»Außerdem habe ich neulich gehört, was der Bauer einer Frau erzählte, die behauptet hatte, dass Schweine dreckige Tiere seien. Er sagte, dass der Schmutz auf eurer Haut die Insekten abwehrt und euch im Sommer vor Sonnenbrand schützt und kühlt. Deshalb würdet ihr sogar klug handeln, wenn ihr im Mist badet.«

»Das hat der Bauer gesagt?«, staunte das Schwein.

»Ja, ich sag' doch, auch du bist etwas Besonderes. Wir Tiere sind alle anders und gleichzeitig wertvoll, weil jeder von uns andere Stärken hat. Was glaubst du, was geschehen würde, wenn das alle wüssten?«

Das Schwein überlegte: »Hmmm, wir müssten uns nicht mehr miteinander vergleichen?«

Friedolin war begeistert: »Ja, und was glaubst du, was dadurch passieren würde?«

Das Schwein dachte weiter: »Wir würden wahrscheinlich liebevoller miteinander umgehen, weil sich keiner mehr verstellen müsste. Vielleicht wären wir alle großzügiger, weil jeder seinen eigenen Wert kennen würde?

Und wir würden bestimmt näher zusammen rücken und uns mehr helfen. Es würde niemand mehr denken, dass er jemand anderem gefallen muss, weil wir uns alle gut finden würden. So, wie wir sind.«

Friedolin war sprachlos und freute sich über die Erkenntnisse des Schweins. Danach verabschiedeten sie sich voneinander und beide waren glücklich, weil sie an diesem Tag etwas Wichtiges begriffen hatten.

Als das Schwein auf dem Rückweg dem Schaf begegnete, erzählte es ihm von dem tollen Gespräch mit Friedolin. Das Schaf war sichtlich gerührt und dankte dem klugen Schwein von Herzen für seine Worte.

Das Schaf erinnerte sich daran, wie gemein es zu dem kleinen Fisch gewesen war und ging am nächsten Morgen zum Tümpel zurück, um die Situation zu klären.

Kaum war es dort angekommen, entdeckte es den auffälligen Fisch auf Anhieb und rief ihm zu: »Hey, kleiner Fisch, würdest du bitte mal zu mir kommen?«

Friedolin entdeckte das Schaf und war neugierig. »Was ist denn los?«
»Ich habe mit dem Schwein gesprochen, und es hat mir von eurem Gespräch gestern berichtet. Wenn ich einen Fehler gemacht habe, gebe ich ihn auch zu. Ich war gemein zu dir, und es war nicht richtig, dass ich mich über dich lustig gemacht habe. Verzeihst du mir?«
Der kleine Fisch war gerührt und antwortete: »Ach, klar doch. Jeder macht mal Fehler.«

Das Schaf war froh und sagte beschämend: »Weißt du, ich war eigentlich nur unzufrieden mit mir selbst, denn in der riesigen Schafherde fällst du einfach nicht auf. Da sieht ein Schaf aus wie das andere. Und deshalb haben mich deine roten Sommersprossen, die Herzflossen und dein grünes Knubbelnäschen schon fast sauer gemacht. Du bist so schön bunt und ich so farblos. Es hatte also nichts mit dir zu tun. Du musstest meine Laune nur ausbaden. Das war keine Absicht, aber ich konnte in dem Moment einfach nicht anders«, mähte das Schaf leise.

Die Fischemama hatte also tatsächlich richtig gelegen mit ihren Vermutungen.

Am Ende sagte das Schaf: »Ach, das tat jetzt gut, mit dir darüber zu sprechen. Ich habe gedacht, du würdest mich auslachen, wenn ich zugebe, dass ich mich in der großen Herde oft allein fühle. Aber jetzt ist genau das Gegenteil der Fall. Ich fühle mich verstanden. Danke, lieber Fisch.«

Das Schaf hatte an diesem Tag gelernt, dass es viel hilfreicher ist, zu seinen Schwächen zu stehen, statt sie überspielen zu wollen.

Als das Schaf zurück zu seiner Herde ging, musste es grinsen. Da lag doch tatsächlich eine kleine Maus mit einem Sonnenhut lächelnd auf einem Holzstück und trieb auf dem Teich herum. An diesem Tümpel schien alles anders zu sein. Aber nach dem Gespräch mit dem kleinen Fisch wunderte das Schaf sich über nichts mehr.

Auf dem Bauernhof sprach es sich schnell herum, welch wunderbaren Gespräche sich mit Friedolin am Tümpel ergeben hatten. Seitdem suchten noch mehr Tiere die Nähe des kleinen Fischleins.

Die Stimmung auf dem ganzen Hof veränderte sich dadurch im Laufe der Zeit. Die Tiere lernten sich mehr zu schätzen und kamen besser miteinander aus. Sie hänselten sich nicht mehr wegen ihrer Schwächen, sondern sahen die Stärken – und konnten sich dadurch gegenseitig mehr helfen.

Und so, wie es bei den Tieren auf dem Bauernhof ist, ist es auch bei uns Menschen. Wenn jeder wüsste, dass er wertvoll ist, könnten alle viel friedvoller leben. Sie könnten sich selbst besser leiden und würden anderen mehr gönnen. Sie würden sich gegenseitig helfen und wüssten, dass es niemand im Leben wirklich böse meint.

Deshalb möchte ich dir nun eine wichtige Frage stellen:

**WEISST DU,
WIE WERTVOLL DU BIST?**

Schreibe oder male auf dieses Blatt, was du gut kannst.
Damit auch du deinen Wert schätzen lernst.

FRIEDOLIN HÄKELANLEITUNG *von Silvia Dietel*

Alle Teile werden mit festen Maschen (außer es ist anders angegeben) und Häkelnadel 2,5 gearbeitet.
Verwendete Wolle: Acrylwolle / Nadelstärke 3–4
Kürzel: M = Masche, fM = feste Masche, KM = Kettmasche, WLM = Wendeluftmasche, Stb = Stäbchen, HStb = Halbes Stäbchen, DStb = Doppelstäbchen HN = Häkelnadel

KÖRPER

Fadenring mit 8 fM (8)
1. Runde: jede M doppeln (16)
2. Runde: jede 2. M doppeln (24)
3. Runde: jede 3. M doppeln (32)
4. Runde: jede 4. M doppeln (40)
5. Runde: jede 5. M doppeln (48)
6.–7. Runde: ohne Zunahme (2 Runden)
8. Runde: jede 6. M doppeln (56)
9.–10. Runde: ohne Zunahme (2 Runden)
11. Runde: in der 10. M doppeln, nach 16. M 1 × doppeln,
nach 22. M 1 × doppeln, 8 fM (59)
12. Runde: in der 13. M 1 × doppeln, nach der 19. M 1 × doppeln, 27 fM (61)
13.–14. Runde: ohne Zunahme (2 Runden)
15. Runde: 12+13 M zusammen, 18+19 M zusammen, 29 fM (59)
16. Runde: 9+10 M zusammen, 15+16 M zusammen, 21+22 M zusammen, 11 fM (56)
17. Runde: 4 × 5+6 M zusammen dann 3 × 7+8 zusammen, 8 fM (49)
18. Runde: 4 × 4+5 M zusammen, 4 × 6+7 M zusammen, 1 fM (41)
19. Runde: ohne Zunahme
20. Runde: 4 × 3+4 M zusammen, 4 × 5+6 zusammen, 1 fM (33)

21. Runde: ohne Abnahme
22. Runde: 4 × 2+3 M zusammen, 4 × 4+5 M zusammen, 1 fM (25)
23. Runde: ohne Abnahme
FÜLLEN
24. Runde: 4 × immer 2 M zusammen, 17 fM (21)
25. Runde: 6 × jede M doppeln, 15 fM (27)
26. Runde: ohne Zunahme
27. Runde: 2 × jede 4 M doppeln, 2 × 8+9 M zusammen, 1 fM (27)
28. Runde: ohne
29. Runde: jede 3+4 M zusammen (21)
30. Runde: 8 M, 3 × 2+3 M zusammen, 4 fM (18)
31. Runde: jede 2+3 M zusammen (12)
FÜLLEN
32. Runden: ohne Abnahme
33. Runde: immer 2 M zusammen (6)

NASE
Fadenring mit 5 fM
1. Runde: jede M doppeln (10)
2. Runde: jede 2. M doppeln (15)
3. Runde: jede 3. M doppeln (20)
4. Runde: 3 fM, 3 × jede M doppeln, 8 fM, 3x jede M doppeln, 3 fM (26)
5. Runde: 6 fM, 3 × jede M doppeln, 8 fM, 3 × jede M doppeln, 6 fM (32)
6. Runde: 6 fM, 3 × immer 2 M zusammen, 8 fM, 3 × immer 2 M zusammen, 6 fM (26)
7. Runde: 5 fM, 2 × 2 M zusammen, 8 fM, 2 × 2 fM zusammen, 5 fM (22)
8. Runde: ohne Abnahme
FÜLLEN

MUND
Fadenring mit 4 fM
1. Runde: jede M doppeln (8)
2. Runde: 4 M (grün), 3 M (pink), 2 M (9)
3. Runde: 4 × jede M doppeln, 3 M, 2 fm (13)
4. Runde: 8 M, 3 M, 2 FM

FLOSSEN UNTEN (2 X)

Fadenring mit 4 FM
1. Runde: jede doppeln (8)
2. Runde: jede 2. M doppeln (12)
3. Runde: ohne Zunahme
4. Runde: jede 3+4 M zusammen (9)
5.–6. Runde: ohne Zunahme (2 Runden)
Beide Flossenteile zusammen mit einer KM verbinden und eine Runde häkeln. (19)
8. Runde: jede 2+3 zusammen (13)
9. Runde: ohne Abnahme

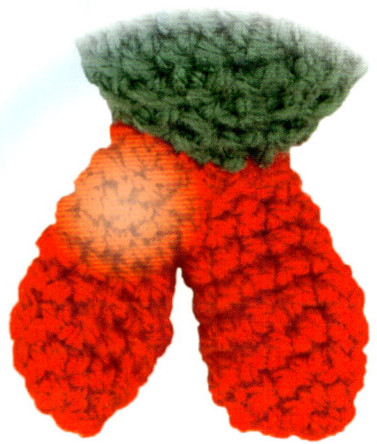

KLEINE SEITENFLOSSE (2 X)

Fadenring mit 4 FM
1. Runde: jede M doppeln (8)
2.–4. Runde: ohne Zunahme (3 Runden)
5. Runde: Flosse platt legen und die gegenüberliegenden Seiten zusammen häkeln das es 4 M ergeben + WLM
6. Runde: 1 M auslassen, 1 FM, 1 M auslassen, 1 M, 1 WLM (2)
7. Runde: 2 FM

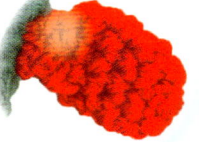

FLOSSE OBEN

2 × arbeiten
Fadenring mit 4 FM
1. Runde: jede M doppeln (8)
2.–3. Runde: ohne Zunahme (2 Runden
Beide Flossenteile zusammen mit einer KM verbinden und eine Runde häkeln. (17)
1. Runde: jede 4+5 M zusammen (14)
2. Runde: jede 4+5 M zusammen (12)
3.–5.Runde: ohne Zunahme
6. Runde: Flosse platt legen und die gegenüberliegenden Seiten zusammen häkeln das es 5 M ergeben + WLM (5)
7. Runde: 5 FM

AUGE GROSS

Fadenring mit 5 FM
1. Runde: jede M doppeln (10)
2. Runde: jede 2. M doppeln (weiß) (15)
3.–9. Runde: Ohne Zunahme (6 Runden)
10. Runde: jede 3+4 M zusammen (12)

AUGE KLEIN

Fadenring mit 5 FM
1. Runde: jede M doppeln (10)
2. Runde: jede 4. M doppeln (weiß) (12)
3.–7. Runde: Ohne Zunahme (5 Runden)

PUPILLE & IRIS GROSS

mit Häkelnadel 2,0 und dünnem Garn
Fadenring mit 5 FM (schwarz)
1. Runde: jede M doppeln (blau) (10)
2. Runde: 3 FM, 1 × 2 HStb, 3 × 2 Stb in einer M, 1 × 2 HStb, 2 FM (10)

PUPILLE & IRIS KLEIN

mit Häkelnadel 2,0 und dünnem Garn
Fadenring mit 4 FM (schwarz)
2. Runde: jede M doppeln (8)
3. Runde: 2 FM, 1 × 2 HStb, 3 × 2 Stb, 1 × 2 HStb, 1 FM (8)

Mit einen dünnen weissen Garn ein Lichtpunkt nähen.
Sämtliche Einzelteile zusammen fügen und vernähen.

FERTIG!

DIE AUTORIN

Kerstin Werner wurde 1973 in der wunderschönen Eifel geboren, wo sie auch heute lebt und arbeitet. Durch zahlreiche Seminare zur Persönlichkeitsentwicklung und einer Ausbildung zum NLP-Coach konnte sie viele Erfahrungen sammeln, die in ihren Büchern Ausdruck finden. Kreativität, Inspiration und Humor sind ihre größten Stärken. Sie liebt nicht nur das Schreiben, sondern ebenso das Fotografieren.

www.kerstin-werner.de

DIE ILLUSTRATORIN

Kattia Salas wurde 1972 in Costa Rica geboren. Sie lebt heute mit ihrem Mann und zwei Kindern in Daun, in der Vulkaneifel. Als Illustratorin ist es ihr wichtig, dass ihre Werke ein gutes Gefühl vermitteln. Besonders liebt sie es, Texte zu illustrieren, die starke Botschaften transportieren. In ihrer Freizeit treibt sie Sport. Ebenso fotografiert und liest sie gerne.

www.facebook.com/kattiasalasp

IMPRESSUM

Texte und Idee: Kerstin Werner, *www.kerstin-werner.de*

Lektorat: Michael Roth, *www.schmetterlingspoesie.de*

Illustrationen: Kattia Salas, *www.facebook.com/kattiasalasp*

Layout: Björn Pollmeyer, *www.coscreen.net*

Häkelanleitung: Silvia Dietel, *www.silviadietel.com*

Fotografien Friedolin: Sven Nieder, *www.sven-nieder.de*

Schrift: EB Garamond von Georg Duffner und

Digitalt von Glukfonts

Gedruckt in der Europäischen Union, Finidr, CZ

Eifelbildverlag, ein Imprint der

Kraterleuchten GmbH | Lindenstraße 14 | 54550 Daun

www.eifelbildverlag.de

5. Auflage, 2018

ISBN 978-3-946328-17-9

Die Maus Mia ist traurig. Aber warum?
Friedolins Abenteuer gehen weiter!

Eine wertvolle Geschichte, die deutlich macht, wie
wichtig es ist, zu sich und seinen Gefühlen zu stehen.

SIND DEINE GEFÜHLE DEINE FREUNDE?

Kerstin Werner | Kattia Salas
48 Seiten | Hardcover | 20 farbige Illustrationen
mit Häkelanleitung »Mia« | ISBN 978-3-946328-21-6

Eine stärkende Geschichte, die spielerisch
hilft, sich mit seiner Angst zu versöhnen.

Friedolin wird bald eingeschult. Er hat so viele Fragen:
Werde ich neue Freunde finden? Sind die Lehrer nett?

WAS MACHST DU MIT DEINER ANGST?

Kerstin Werner | Kattia Salas
48 Seiten | Hardcover | 20 farbige Illustrationen
mit Häkelanleitung »Muck« | ISBN 978-3-946328-37-7

Eifelbildverlag

www.kerstin-werner.de | www.eifelbildverlag.de